21556

D1879332

# काजल लगाना भूलना

[कविताएँ]

# काजल लगाना भूलना

व्योमेश शुक्ल

राजकमल प्रकाशन

ISBN : 978-93-89577-96-9

**मूल्य :** ₹295

© व्योमेश शुक्ल

**पहला संस्करण** : 2020

**प्रकाशक :** राजकमल प्रकाशन प्रा. लि.
1-बी, नेताजी सुभाष मार्ग, दरियागंज
नई दिल्ली-110 002
**शाखाएँ :** अशोक राजपथ, साइंस कॉलेज के सामने, पटना-800 006
पहली मंजिल, दरबारी बिल्डिंग, महात्मा गांधी मार्ग, इलाहाबाद-211 001
36 ए, शेक्सपियर सरणी, कोलकाता-700 017
वेबसाइट : www.rajkamalprakashan.com
ई-मेल : info@rajkamalprakashan.com

**मुद्रक :** बी.के. ऑफसेट
शाहदरा, दिल्ली-110 032

KAAJAL LAGANA BHOOLNA
*Poetry by* Vyomesh Shukla

इस पुस्तक के सर्वाधिकार सुरक्षित हैं। प्रकाशक की लिखित अनुमति के बिना इसके किसी भी अंश को, फ़ोटोकापी एवं रिकॉर्डिंग सहित इलेक्ट्रॉनिक अथवा मशीनी, किसी भी माध्यम से, अथवा ज्ञान के संग्रहण एवं पुन:प्रयोग की प्रणाली द्वारा, किसी भी रूप में, पुनरुत्पादित अथवा संचारित-प्रसारित नहीं किया जा सकता।

कविताओं की पहली किताब 2008 में प्रकाशित हुई थी। ये उसके बाद की हैं। प्रायः इन सभी कविताओं के प्रकाशन के अवसर पर पर्याप्त वाद-विवाद हुआ। प्रतिष्ठित वेबपत्रिका सबद के पिछले पन्नों पर उसे देखा जा सकता है। इनमें से एक—लीलामय के बारे में उचित ही यह सवाल भी उठा कि यह कविता है या गद्य। दरअसल मुझे ख़ुद भी नहीं पता कि वह या ये सभी कविताएँ—कविता हैं या गद्य। ये बस हैं। जैसे मैं हूँ।

यह कविता-संग्रह माँ की स्मृति के साथ-साथ आजतक हिंदी कविता पर हुई सभी बहसों को समर्पित है।

# क्रम

## चौथा दरवाज़ा

# जस्ट टियर्स

भीड़ बढ़ी तक़लीफ़ें बढ़ीं, मामा की दवा की दुकान में आकर लोग दवाई माँगने लगे। कुछ लोग सिर्फ़ फुटकर करवाने आते थे जिनसे कहना होता था कि 'नहीं'। कुछ लोग कुछ लोगों का पता पूछने आते थे जिनसे कहना होता था 'उधर से उधर से उधर'।

ज़िला अस्पताल के बाहर एक पेड़ था और मरीज़ को उसका नाम नहीं मालूम था। वसंत में उसका यौवन और उसकी खिली हुई आपत्तियाँ नहीं मालूम थीं। उसे अपनी बीमारी का नाम नहीं मालूम था। उसे अपने गाँव का नाम मालूम था। एक दिन एक लड़की ने मुझसे पूछा कि तुमने अस्पताल के बाहर वाले पेड़ का अजीब देखा है तो मैंने कहा कि हाँ। यह देखने का साझा था। मैं उस पेड़ को हिमाक़त या व्यस्त सड़क पर अतिक्रमण मानना चाहता था, लेकिन लड़की के सवाल के बाद कुछ दिनों के लिए मैंने यह मानना चाहना टाल दिया।

लुब्रिकेशन कम हो गया था। हर चीज़ दूसरी चीज़ से रगड़ खा रही थी। माँ के घुटनों की तरह। हर पहले और हर दूसरे के बीच तीसरे तत्त्व का अभाव था। पलक झपकाने में भी बड़ा घर्षण था। लोग एकटक देखते रह जाते थे। यह देखने की मजबूरी थी। आँखों की बीमारी। कुछ लोगों को लगता था कि इसका इलाज हो सकता है। अब आँखों और पलकों के बीच की चीज़ ग़ायब थी तो रोना मुश्किल हो गया। लोग रोने के लिए घबरा गए। बाँधों, घड़ियालों और दलालों को भी दिक्कत हो गई। डॉक्टर पेड़ के अजीब के पड़ोस में बैठकर लुब्रिकेशन की दवा लिखने लगे। दवाई का नाम था—'जस्ट टियर्स'।

मैं बहुत ख़ुश होकर रोने की दवाई बेचने लगा।

जस्ट टियर्स। यह जस्ट फिट का कुछ लगता था। फूफा के लड़के का दोस्त टाइप कुछ। जस्ट फिट और जस्ट टियर्स के बीच कुछ था जो हर पहले और हर दूसरे के बीच के तीसरे तत्त्व की तरह आजकल नहीं था, जैसे जस्ट फिट नाम की दुकान के ऊपर रहने वाले इंसान और जस्ट टियर्स नाम की दवाई बेचने वाले इंसान के बीच कुछ था जो आजकल नहीं था।

रोना लुब्रिकेशन की कमी दूर कर देता। मैं रोना चाहने लगा। बाँधों, घड़ियालों और दलालों की तरह। मैं बाँध होना चाहने लगा। भाखड़ा नांगल, हीराकुंड या रिहंद। मैं नेहरू के ज़माने का नवजात बाँध होता तो राष्ट्र की संपत्ति होता। मेरे बनने में सबकी दिलचस्पी होती। पन्द्रह दिन पर पंत जी और महीना पूरा होने पर पंडित जी मेरा जायज़ा लेने आते। मैं बहुत-से लोगों को विस्थापित कर देता और बहुत-सी मछलियों को संस्थापित, लेकिन विस्थापितों के लिए रोने में मुझे जस्ट टियर्स की ज़रूरत न पड़ती। लुब्रिकेशन खत्म न हो गया होता। मेरे और विस्थापितों के बीच कुछ न कुछ होता। मेरे भीतर बहुत-सा पानी होता और बहुत-सी बिजली और बहुत-सी नौकरी और बहुत-से फाटक और बहुत-सी कर्मठता और और बहुत-सी ट्रेड यूनियनें और बहुत-सी हड़ताल और बहुत-सी गिरफ़्तारी और बहुत-सी नाफ़रमानी।

मैं कहना न मानता। अन्धकार और दारिद्र्य में मैं पीले रंग का बल्ब बनकर जलता। मुझे बचाने और बढ़ाने की कोशिशें होतीं। मेरा भी दाम्पत्य होता और वसंत पंचमी होती मेरी शादी की सालगिरह। मैं मिठाई बाँटता और पगले कवि की तरह कहता कि मेरा जन्मदिन भी आज ही है। पेड़ के अजीब के साथ मेरा बराबरी का रिश्ता होता। मैं उसके कान में फुसफुसाता : 'फ़ाइलातुन, फ़ाइलातुन...मफैलुन, मफैलुन...'। मेरे पेट में गाद न जमा होती। मुश्किल में मेरे दरवाज़े कभी भी खुल सकते होते। बिना घूस लिए उत्तर प्रदेश जल निगम जारी करता मेरे स्वास्थ्य का प्रमाण-पत्र। मैं बार-बार खाली होता और बार-बार भरा जाता। मुझसे कमाई होती और कुछ लोग मुझे आधुनिक भारत का मंदिर बताते। मैं सपाइयों-बसपाइयों के हत्थे न चढ़ा होता।

मैं सिद्धांत होता और कुछ देर के लिए ही सही, मैं बहस के एजेंडे को पलट देता। फिर सारी बातचीत पानी पर होने लगती। नागरी प्रचारिणी सभा की तरह मेरा पटाक्षेप न हो गया होता। नेशनल हेराल्ड की तरह, मैं धीरे-धीरे ख़त्म होता और कुछ कम भ्रष्ट लोग ही मेरे आसपास नज़र आ पाते। मेरे विनाश के अकल्पनीय नतीजे होते। मैं कुत्ते की मौत न मरा होता। मेरे उद्धार की कोशिशें होतीं और अंततः मैं एक प्रहसन बन गया होता। मैं बीमार हो पाता मेरे भी आँसू खत्म हुए होते मुझे भी जस्ट टियर्स की ज़रूरत होती।

मैं बाँध नहीं हो पाया मेरी चिता पर मेले नहीं लगे मैं दवा की दुकान पर बैठने लगा तो मैं पेड़ के अजीब को हिमाक़त या व्यस्त सड़क पर अतिक्रमण मानने ही वाला था कि एक लड़की ने मुझसे पूछा कि हर पीछे आगे होता है और हर आगे पीछे होता है न? तो मैंने जवाब देने की बजाय सोचा कि जीवन कितना विनोदकुमार शुक्ल है फिर मैंने सोचा कि विनोदकुमार शुक्ल जा रहे होते तो यह कहने की जगह कि जा रहा हूँ, कहते कि आ रहा हूँ, फिर मैंने सोचा कि अगर संभव हुआ तो मैं विनोदकुमार शुक्ल से वाक्यविन्यास से ज़्यादा कुछ सीखूँगा फिर मैं आगे चला गया फिर मैंने पाया कि जीवन कितना कम विनोदकुमार शुक्ल है।

लुब्रिकेशन विनोदकुमार शुक्ल की तरह कम हो गया था। हर चीज़ दूसरी चीज़ से रगड़ खा रही थी। जर्जर पांडुलिपियाँ एकदूसरे से रगड़ खाकर टूट रही थीं। महावीर प्रसाद द्विवेदी की 'सरस्वती' की पांडुलिपियों का बंटाधार हो गया। भारतेंदु की 'कवितावर्धिनी सभा' और 'हरिश्चंद्र चंद्रिका' की फ़ाइलें पहले ही ठिकाने लग गई थीं। आचार्य रामचंद्र शुक्ल-संपादित 'हिंदी शब्द सागर' को 'सभा' के ठेकेदारों ने ग़ैरक़ानूनी तरीक़े से, पैसा लेकर 'डिपार्टमेंट ऑफ एजुकेशन', युनाइटेड स्टेट्स की 'साउथ एशियन डिक्शनरीज़' नाम की वेबसाइट को बेच दिया है। यानी, अब वह शब्दसागर बनारस में नहीं है अमेरिका में है। लेकिन जैसा कि अमेरिकीकरण के हर आयाम के बारे में सच है, उसमें कुछ न कुछ मज़ा ज़रूर होता है, वह शब्दसागर भी इन्टरनेट पर लगभग मुफ़्त देखा जा सकता है। ठीक है कि पिछले पचास सालों में यह डिक्शनरी एक बार भी अपडेट नहीं हुई है, होगी भी नहीं, लेकिन अब, कम-से-कम देखी तो जा सकती है। एक मज़ा और भी है। इस बार पहले और दूसरे के बीच तीसरा तत्त्व है। हमारे और शब्दसागर के बीच अमेरिका है। और क्या तो लुब्रिकेशन है।

मैं पेड़ के अजीब को हिमाक़त या व्यस्त सड़क पर अतिक्रमण मानने ही वाला था कि एक लड़की ने मुझसे पूछा कि पब्लिक सेक्टर क्या होता है, तो मुझे लगा कि यह खंडहर में जाने की तैयारी है। मैंने लड़की से कहा कि कल बताऊँगा। फिर मैं एक उजाड़ विषय का अध्यापक होना चाहने लगा। पेड़ के अजीब, बाँध और शब्दसागर की तरह मैं पब्लिक सेक्टर होना चाहने लगा। पब्लिक सेक्टर बनने के बाद ज़ोर-ज़ोर से बोलना पड़ता, फिर भी लोग सुन न पाते तो मैं और ज़ोर से बोलने की तैयारी करने लगा। यह तेज़ आवाज़ में अप्रिय बातें कहने का रिहर्सल था। फिर लड़की ने पूछा कि पहले सरकार ब्रेड क्यों बनाती थी और होटल क्यों चलाती थी तो मन हुआ कि कह दूँ कि अरुण शौरी उन्हें दलाली लेकर बेच सकें इसलिए, लेकिन तभी यह ख़याल आया कि सरकारी ब्रेड की मिठास लुब्रिकेशन की तरह ख़त्म है तो मैंने बुलंद आवाज़ में कहना शुरू किया कि तब तीसरी दुनिया के किसी भी देश में गुटनिरपेक्ष आंदोलन का सम्मेलन करने लायक कांफ्रेंस हॉल और शामिल देशों के प्रमुखों को टिकाने की जगह नहीं थी। आईटीडीसी का दिल्ली वाला होटल इसीलिए बना था। फिर यह जानते हुए कि कितना भी तेज़ बोलूँ, यह बात किसी को सुनाई नहीं देगी, मैंने कहना शुरू किया कि प्रतिकार के लिए कभी-कभी पाँच सितारा होटल भी बनाना पड़ता है। फिर मैंने पेड़ के अजीब की तरह कहा कि प्रतिकार भी करें हम रचना भी करें और बाँध की तरह कहा कि हमारी रचना हमारा प्रतिकार और शब्द सागर की तरह कहा कि प्रतिकार रचना होता ही है।

लुब्रिकेशन प्रतिकार की तरह कम हो गया था। मैं प्रतिकार की सही दिशा और उसका ठीक समय होना चाहने लगा। मैं प्रतिकार पढ़ना चाहने लगा तो मेरे अध्यापक ने मुझसे कहा कि पहले तुम्हें नकली प्रतिकार से चिढ़ना सीखना होगा। उन्होंने खाँसते-खाँसते कहा कि जिस बात से लोकतंत्र में तुम्हारा भरोसा कम होता हो वह अराजनीतिक बात है, फिर उन्होंने कहा कि सारी बातें राजनीतिक बातें होनी चाहिए फिर उन्होंने कहा कि आंदोलन अगर लोकतंत्र को मज़बूत नहीं बनाता तो वह व्यक्तिवाद और पाखंड है फिर उन्होंने कहा कि अत्याचारी का कहना मत मानो।

मैं घूमने चला गया तो जो आदमी घूमने की जगह के बाहर संतरी बनकर खड़ा था उसने पूछा कि तुम किस नदी के हो। मैंने कहा कि मैं एक परिवार एक गाँव एक कस्बे एक शहर एक राज्य का हूँ और यह पहली बार तुमसे पता चला कि मुझे किसी नदी का भी होना चाहिए। उसने कहा कि तुम किसी-न-किसी नदी के होते ही हो क्योंकि हरेक किसी-न-किसी नदी का होता है। हमलोग किसी-न-किसी नदी के होते हैं और यह हमें कभी पता होता है कभी नहीं पता होता। उसने आगे कहा कि यह न जानना कि हम किस नदी के हैं, नदी की हत्या करना है। मैंने कहना चाहा कि नदियाँ लुब्रिकेशन की तरह कम हो गई हैं लेकिन संतरी से डर गया।

तब से मैंने कुछ नहीं कहा है।

# मैं रहा तो था

# साफ़ झूठ

शिकायतें वक़्त से भी तेज़ गुज़र रही हैं—
ख़ुद को तुम्हारी मुस्कराहट से बदलती हुईं
उनकी फ़ेहरिस्त में कई शब्द आ गए हैं, कई ग़ैर शब्द
आगामी शिकायतों का संगीत
उन्हें लिखना स्वरलिपियाँ लिखना

और कोई चुपके-चुपके लगा रहता है कि अपनी महान हिन्दी भाषा में कुछ वाक्य लिख ले।

अरे महोदय, कितना पेट्रोल और पसीना बहता है ये सब करने में—उसका हिसाब लिखने में मन लगाओ, यही कर्त्तव्य है और तुम इसी के लायक़ भी हो। उनके कमरे में खिड़की खोलने से क्या फ़ायदा? अपने ख़त्म होते अनुभवों पर भरोसा रखो। ताकाझाँकी जैसी चालाकियाँ कुछ समय बाद शोभा देंगी। अभी तो तुम्हारे साफ़ झूठ में भी उसकी सच्ची हँसी की आहट है।

## उस शहर की उस गली में

...कि तभी उस शहर की उस गली में उसके नाम का साइनबोर्ड दिखा। उस जैसा। बिलकुल उस जैसा और लगभग उस जैसा। उसके पसीने की बरसात में भीगा हुआ-सा। उसके चेहरे की धूप में चमकता हुआ-सा। उसको देखने-सा। उसके देखने-सा। उसकी चमक के ख़िलाफ़ धुँधला होता हुआ-सा। उसकी ज़बान जितनी ग़लत भाषा में लिखा हुआ। सबको दिखता हुआ-सा। हालाँकि देखने पर वहाँ सिर्फ़ ढाई अक्षर दिखाई देते हैं।

## गुज़रना

इतनी बीहड़ क्रूरता के साथ बसे देश में सिर्फ़ तुम्हारे घर के नीचे, अफ़सोस, कभी ट्रैफ़िक जाम नहीं लगता जिसमें फँसा जा सके। वहाँ से ख़याल की तरह गुज़रना होता है।

# दोनों एक ही बातें हैं

ऋतुओं के विहँसते सूर्य की तरह, दोपहर की झपकी की तरह, गर्भ की तरह, प्यास या ख़ास तुम्हारी शर्म की तरह, क्रूरतम अप्रैल में मई के आगमन की तरह।

मैं रहा तो था,

थकान की तरह मोज़ों के पसीने में तुम्हारे, वर्तनी की भूलों में, क्रियापदों के साथ लिंग के लड़खड़ाते रिश्ते में। तुम्हारी नाराज़गी में—ख़ुद को न देख पाता हुआ या सिर्फ़ ख़ुद को देखता हुआ या दोनों एक ही बातें हैं।

## एक दिन

बृहस्पतिवार—तुम काजल लगा के नहीं आई थी। (उस दिन अपनी पेशी के दौरान नरेन्द्र मोदी ने कई झूठ बोले और कई धमकियाँ दीं।)

# अब हो

आज मैंने मसलन बी.ए. पास कर लिया। आज मैं श्यामसुन्दरदास बी.ए.। उन्नीसवीं सदी के अंतिम दशकों में अपनी शिशुभाषा का पाठ्यक्रम बनाने वाला और एक भारी-भरकम बवालिया संस्था का निर्माता मैं आज। तीस साल का होने के तीन महीने पहले वह अग़र ऐसे ही नाहक़ नाराज़ हो जैसे आज मुझसे हुई है तो तुम भी संस्थापक, प्रधानमंत्री या रूलिंग पार्टी के जनरल सेक्रेटरी हो सकते हो। ख़ैर, मेरी फ़िक्र न करो और आगे से मत डराओ। आगे तो तय है कि बहुत-सा अपमान और उचाट है। बहुत-सा पीछे है आगे। ख़ात्मा है आगे।

अब हो।

## एक और दिन

शुक्रवार—फिर नहीं। (आज सुप्रीम कोर्ट के चीफ़ जस्टिस महानुभाव ने तमाम गुज़ारिशों के बावजूद मोदी के साथ मंच शेयर किया )

# क्यों

इतने ग़ौर से क्यों सुनती हो, तुम आँखों से क्यों सुनती हो?

## या शायद

मैंने सोचा कि उनको या कहूँगा और सोचने लगूँगा कि इस चीज़ का नाम अब तक क्या रहा था और जानकर हैरान हो जाऊँगा कि जितनी आवाज़ें हैं उतने तो नाम हैं इसके, और शायद इसे या भी बार-बार कहा गया होगा तो इसका एक नाम शायद भी हो सकता है, और इसे कई बार कुछ नहीं कहा गया है तो इसका एक नाम कुछ नहीं या कुछ हो सकता है।

कुछ हो सकता है तो कुछ भी हो सकता है। एक फूल खिल सकता है नाम देने के लिए। बहुत से फूलों के बीच एक फूल। दूसरे फूल दूसरों के नाम के लिए। ये फूल उन निगाहों का नाम हो सकता है।

कुछ भी हो सकता है कुछ नहीं भी हो सकता है। उनको देखने के लिए उनकी ओर देखना पड़ सकता है और यह तो अक्सर होता है कि उनको देखने के लिए उनकी ओर देखने की ज़रूरत नहीं पड़ती।

यह उलझन दूर तक जा सकती है और यह उलझन बीच में ही ख़त्म हो सकती है।

# कुछ हो सकता है तो कुछ भी हो सकता है

जब कुछ भी हो सकता है तो तुम भी कुछ भूल सकती हो। तुम जानबूझकर या भूल से भी भूल सकती हो काजल लगाना। यों उस महान क्रिया का जन्म होता है, जिसका नाम है काजल लगाना भूलना।

## कि पानी से आग?

भीगती हुई बरसात
भीगता हुआ शिशिर
इसके पहले ग्रीष्म भी भीगा था

भीगती हुई सड़क—जो उसकी भी मातृभूमि है।

रात भीगी सुबह भीगी
पप्पा की गोदी में
बच्ची कुछ कम भीगी,
भीगता हुआ शव चिता भीगती हुई
इस ख़याल का भीगना कि पानी से आग बुझ जाती है
भीगने का इंतज़ार करते हुए गुप्ता जी

चराचर

ये सब तुम्हें भीगता न देख पाने के दृश्य हो सकते थे।

## होना था

गर्मी में पिता होना था कि तुम्हें लू न लग जाए। (उफ़...तुम्हारे बाप का पीसीओ...)

बहुत ज़्यादा गर्मी में पानी के बरसने का पर्व होना था कि तुम भीग सको देवी-देवता के विग्रहों की तरह और जब भीगते-भीगते बुखार हो जाए या नाक बहने लगे तो एक धवल रूमाल या एक झोलाछाप डॉक्टर होना था।

रक्षाबंधन के दिन भाई होना था तुम्हारा, लाख भाइयों के बराबर।

भले ही माफिया डान को देना पड़े, अट्ठारह की उम्र में बीजेपी के ख़िलाफ़ तुम्हारा पहला वोट होना था।

अपना वोट बीजेपी को नहीं देंगे की वरीयता होना था। कुछ-कुछ विनोद कुमार शुक्ल होना था। कुछ तुम्हारा कुछ अपना कुछ विनोद जी का आदिवास होना था।

जो होना था वह होना था।
जो नहीं होना था वह होना था।
था होना था, है होना था।

'सब कुछ' होना था।
'होना' होना था।

'बचा रहेगा' होना था।

तुम्हारी और अपनी, यानी विनोद जी की कविता किताब होना था।

उनकी आगामी कविताओं में निहित दंडकारण्य का कोलाहल होना था। उस कोलाहल का मौन होना था। उस मौन को तुम्हारी आवाज़ होना था।

कभी-कभी मुझे बोलना था तुम्हारे मुँह से। तुम्हारा वाक्यविन्यास होना था। ऐन इसी सोहराबुद्दीनी मुहूर्त में गुजरात का कांग्रेसी राज्यपाल होना था। रोज़-रोज़ मोदी के ख़िलाफ़ कानूनी तरीक़े से लिखा गया बहुत सुन्दर राजकीय निबंध होना था। एक अभिनव केंद्र-राज्य सम्बन्ध होना था।

तुम्हें नीरू होना था मुझे नीमा होना था।
एक कबीर होना था एक मीर होना था।

# मौसम के ख़िलाफ़ अच्छी सेहत भी चाहिए

जब बिजली का खंबा या गिर रहे पेड़ों में से कोई एक गिरेगा सर पर और बेहोश होने से कुछ पहले मैं साँसों में कहूँगा कि विवेकानंद या दयानंद मेडिकल स्टोर ले चलो तो वह ऐसा पहला अंतिम आदमी होगा जो यक़ीन करेगा कि ये मुहावरे नहीं दवा की दुकानों के नाम हैं।

मरने से बचने के लिए अस्पताल की बजाय दवा की दुकान जाने का क्या मतलब हो सकता है, तो इसका मतलब हो सकता है कि दुकान अस्पताल की बग़ल में भी तो हो सकती है। मैं दवा का दुकानदार हो सकता हूँ मेरा बेटा नाजायज़ कंपाउंडर हो सकता है।

और एक बच्ची दिखी थी मोटरसाइकिल पर बैठी माँ की गोद में। देर तक देखती थी, मुड़ने के बाद भी देखती थी।

जूते की दुकान पर एक जोड़ी जूता दिखा था, अपने होने में मेरी प्रेमिका के मामा के जूते जैसा, देर तक देखता था मुड़ने के बाद भी देखता था।

और वह दिखी थी। बिल्कुल उस जैसी दिखती थी। बस थोड़ा ज़्यादा हँसती थी। वह हँसी बहुत कुछ कहती थी। देर तक देखती थी मुड़ने के बाद भी।

और देवेन्द्र द्विवेदी दिखे थे अपनी अकाल मौत के बाद। और यह ख़याल कि गुजरात का राज्यपाल बनने के बाद शपथग्रहण से पहले ही उन्हें नहीं रहना था। और यह ख़याल कि उन्हें मरना था तो गुजरात का राज्यपाल बनते ही क्यों

मरना था। और यह ख़याल कि गुजरात का राज्यपाल बनाने के लिए सबकुछ के साथ अच्छी सेहत भी चाहिए। यह ख़याल देर तक देखता था, मुड़ने के बाद भी देखता था।

# चुप हो जाने के लिए

जब जीवन में बहुत से अंक हासिल करने का शोर मचा हुआ था, तुम उसमें कैसा तो अनाप-शनाप संगीत सुनने में लग गई, शोर के भीतर का संगीत, शोर की बेक़ाबू साँस का संगीत, शोर का उल्टा संगीत। तुम नहीं जानती कि ऐसे सुनने ने शोर को कितना नामुमकिन कर दिया है। सबसे ज़्यादा नुक़सान मेरा हुआ, मेरी शोर मचाती कविताओं का। उन्हें भी संगीत की तरह सुनोगी तुम, यह एहसास ही काफ़ी है, चुप हो जाने के लिए।

# धूप नहीं

धूप की कालीन बिछी थी और तुम्हारे उस पर से गुज़रने भर से वह सिर्फ़ धूप की कालीन नहीं रह गई। विनोद कुमार शुक्ल के उपन्यास 'दीवार में एक खिड़की रहती थी' के पन्नों पर एक साथ उगे दो सूर्य सिर्फ़ पन्नों पर नहीं उगे थे। मैंने देखा उस सूर्य को तुम्हारे चेहरे पर और तुम्हारे चेहरे के सूरज को वहाँ उगते हुए।

# पार

देशभक्ति का कालजयी नाटक पढ़ते हुए हमारी आँखें मिलीं और तुम्हें पता ही नहीं। हद है। शब्दों और वाक्यों को आईने की तरह इस्तेमाल करते हुए मैंने उस चीज़ को देखा जिसे बोलचाल की भाषा में राष्ट्रप्रेम वगैरह कह दिया जाता है।

वे तुम्हारी आँखें थीं राष्ट्र के पार देखती हुईं। तुमको नहीं पता था, तुम्हारी आँखों को पता था मेरी आँखों का। तुमको नहीं पता था, तुम्हारी आँखों को पता था कि न देखते हुए कैसे देखा जाता है?

## सपना

कलाई में दिल की धड़कन थी बायप्सी की रिपोर्ट में दाँत दर्द का अनुवाद कैंसर किया गया था, नींद बहुत लम्बे-लम्बे वाक्यों में जागने का सपना थी सारी थकान एक बहुत चुस्त चालाकी में बदली हुई थी शरीर आत्मा पर फ़िदा हुआ जा रहा था सारे दुश्मन दोस्त हो गए थे सभी स्पर्शों की गिनती और सारे स्विच ऑफ़ मोबाइल फ़ोनों के नंबर याद हो गए थे जिस नदी को इस पार से उस पार तक सत्तर धोतियों से बाँधा जाता था वह अब दस धोतियों में पूरी हो जाती थी।

हम ख़ुद से शर्माए जा रहे थे और आज इसका कितना शिद्दत से अफ़सोस था कि लोरी लिखना नहीं आता और एक ग़ैर निबंधात्मक प्रेमपत्र भी लिखना हुआ तो असलियत सामने आ जाएगी।

## यहाँ

पीले पन्नों वाली किताब में छपी बच्चा कविता में से निकलकर आया था मामू
मौसम के बिल्कुल पहले आम लेकर।
मामू सरकारी कर्मचारी है
वह आया तो सरकार आयी हमारी हैसियत भर की
और नींद में उसकी आवाज़ उसकी आवाज़ का सप्तक उसकी तक़लीफ़
उसका रिटायरमेंट उसकी पेंशन उसके लड़के का पैकेज
इन सभी मुद्दों पर अम्मा की हाँ-हूँ

मामू जगाता नहीं
और कौन जागना चाहता है इस छंदमय जगनींद से उस जागरण में,

वहाँ सिर्फ़ तुम हो और तुम हो और तुम हो

और यहाँ भी।

# लीलामय

## 1

पानी में पाँच बत्तख तैर रहे थे। तट पर खड़ा आदमी मछली को खाना खिला रहा था। निषादराज भगवान की आरती कर रहे थे। भगवानजी उस पार जाना चाह रहे थे। बच्चे मुहल्लेवाले प्रजा लग रहे थे। कविता गाई जा रही थी। एक आदमी गाय को सानी-पानी दे रहा था। मेला लगा हुआ था। बच्चे को पानी-भगवानजी-मेले-बत्तख-मछलियों-गायों में से हरेक बहुत अच्छा लग रहा था। उसे मालूम नहीं होगा या जो भी हो, वह उस पानी को नदी कहना चाहता था। मैं उससे कहना चाहता था कि 'नहीं' तो वह 'नहीं' सुनना नहीं चाहता था। वह पानी के बारे में कुछ पुराना सुनना चाहता था। मैं पानी के भविष्य को लेकर परेशान होना चाहता था। वह मुझी को लेकर परेशान होना चाहता था। यह कहने में कि 'भविष्य में पानी ख़त्म हो जाएगा', पानी की बड़ी बर्बादी थी। पानी के ख़त्म होने से पहले ही पानी के ख़त्म होने की उदासी में मैं एक अतीत था। पानी के पुराने को जानने में बच्चे की दिलचस्पी पानी का भविष्य थी। कभी-कभी चीज़ें उल्टी दिखाई देती हैं। मैंने पानी को उल्टा करके देखा तो पानी सीधा था। नदी को उल्टा बहा देने से प्रदूषण की समस्या का क्या होगा सोचता हुआ मैं उल्टी गंगा बहाने वाला मुहावरा हो गया था। शहर भर के सीवेज को उल्टा बहा देने से क्या होगा? निपटना दूभर हो जाएगा और क्या? जिन शहरों के किनारे नदियाँ नहीं होतीं, जैसे बंगलोर, वहाँ के लोग क्या टट्टी-पेशाब नहीं करते? आप मान लीजिए कि आपके शहर से होकर कोई नदी नहीं गुज़रती, बस, उसमें मत विसर्जित कीजिए अपनी अशुचि। यह मानते ही कि बनारस के किनारे से नहीं बहती गंगा, गंगा बनारस के किनारे बहने लगेगी। उसकी अनुपस्थिति का यक़ीन ही उसकी उपस्थिति की उम्मीद है। मैं स्मृति की गंगा में नहाकर मुमुक्षु हो जाता हूँ। तुम एक शब्द लिखो साफ़ काग़ज़ पर गंगा। सुबह पाओगे कि वह काग़ज़ फिर से पेड़ हुआ जाता है।

## 2

लीला शुरू हो गई है। राम, लक्ष्मण और सीता वनवास के लिए जा रहे हैं। राजस्व सूखा पत्ता है। अब गिरा कि तब गिरा। अब श्रृंगवेगपुर दूर नहीं और नन्दीग्रामों की ऋतु क़रीब है। निकलने से ठीक पहले भगवान व्यासजी की ओर देखकर मुस्कराते हैं। व्यासजी भी।

वाक़ई लीला शुरू हो गई है।

3

रामचन्द्र शुक्ल ने पता नहीं रामलीला का केवट प्रसंग देखा था कि नहीं। नहीं तो उनसे पूछा जाता कि भगवान को नाव पर बिठाने से पहले वह कबीर का भजन क्यों गाता था?

## 4

मैं पेड़ का अभिनय करना चाहता रहा हूँ। पेड़ की तरह दिखना चाहना भी है मुझमें। लेकिन इतने थोड़े से समय में मैं किस-किस का अभिनय करता फिरूँ? ख़ुद का, नागरिक या दो बच्चों के पिता का, बेटे या दोस्त का। मैं एक लड़की के फूटे हुए माथे का अभिनय करता हूँ जिसकी वजह से उसकी शादी में दिक़्क़त आएगी। एक टीबी-ग्रस्त फेफड़े का भी अभिनय किया है कुछ दिनों तक। उसमें साँस फूलने लगती है।

5

लीला में अभिनय नहीं है। अभिनय है टीवी सीरियलों में। यहाँ भगवान की, स्वरूपों की झाँकी है। रामलीला का तर्क यह है कि जो होते हैं वे अभिनय नहीं करते।

6

भरत बड़े भाई को मनाने आते हैं तो चौदह बरस के वियोग के बाद होने वाले भरतमिलाप के पहले एक बार और भरतमिलाप हो रहा है। अब दो भाई चौदह बरस बाद गले मिलेंगे याने वन जाते ही मिलने का मुहूर्त चौदह वर्षों के लिए स्थगित।

**7**

ये भविष्य में होना था कि नहीं होना था। अभी तो होना था। उनकी चोटों और अपने सीने के साथ। लगातार और बेसबब। आदमी होने की ऊब थी। यानी आदमी पुनः अपने होने से ऊब गया।

## 8

लेकिन तुम्हारे सवाल किसी को बेगाने बनाते हुए न हों, जैसे वे अक्सर होते हैं। और अभी कोई ऐसा सवाल मत पूछना जिससे पता लगे कि तुम शामिल नहीं थे या उपस्थित नहीं थे। शामिल न होने का पश्चाताप मौन में है और कहीं से भी, किसी भी छूटे हुए बिन्दु से शामिल हो जाओ, तुम्हारे जवाब अपने आप, कभी न कभी, तुम पर छा जायेंगे और बरस कर तुम्हें भिगो देंगे। तुम्हारे ऊपर ज़ाहिर हो जायेंगे।

## 9

एक सज्जन हैं। अतिवृद्ध। रामलीला के दौरान उनके कंधे पर मृदंग टँगा रहता है जिसे वह ख़ुद नहीं बजाते। उन्हें मृदंग बजाना आता भी नहीं। मृदंग के लिए उनका कंधा ही प्रासंगिक है, हथेली और उँगलियाँ नहीं। जो लीलाएँ एक से अधिक जगहों पर या दो जगहों के दरम्यान चलते-चलते होती हैं वहाँ उनका कंधा काम आता है। तब मृदंग उनके कंधों पर टँगा रहता है और दूसरा आदमी उसे बजाता है। तब वह कंधा एक चरित्र बन जाता है—एक मूर्तिमान स्वरूप। उसकी वजह से ध्वनि होती है। उसकी मेहनत से संगत संभव होती है। मानस की पंक्तियों के गान में उस कंधे का आकार है। मैं उन सज्जन को क़रीब बीस साल से जानता हूँ, लेकिन उनके कंधे को कितना जानता हूँ? कोई भी उस कंधे को कितना जानता है? रामलीला के सुदूर विराट अतीत में उस कंधे को हम कहाँ रखते हैं? और इन कंधों के बग़ैर रामलीला का गुणगान कितना वाजिब होगा?

परम्परा अक्सर ऐसी ही मुश्किल है।

## 10

लीला समय के ठीक बीच में घटती घटनाओं में नहीं, उनकी बग़ल में सम्पन्न होती रही है। इस तरह अनुमान लगाना आज कुछ विचित्र, कुछ काव्यात्मक लगता है कि कम से कम साढ़े चार सौ साल पुरानी यह लीला इतिहास के ज़रूरी मौक़ों पर, ख़ास जगहों पर क्या करती होगी? अंग्रेज़ों के बनारस समेत पूरे देश पर कब्ज़ा करते समय भी राम शूर्पणखा की नाक काट रहे होंगे, चन्द्रशेखर आज़ाद जब महात्मा गाँधी की जय-जयकार करते हुए अपनी पीठ पर कोड़े खा रहे थे, तब भी रावण सीता का अपहरण कर रहा होगा। 1942 के भारत छोड़ो के वक़्त भी राम अयोध्या छोड़कर जा रहे होंगे। इसी तरह आज़ाद भारत की प्रमुख घटनाओं के मद्देनज़र भी लीला को सोचा जा सकता है। इस बीच लीला लगातार होती रही—भले ही कुछ दूरी पर, याने जिन घटनाओं, लोगों, परिस्थितियों के ज़रिये इतिहास ख़ुद को घटित कर रहा था या कर रहा है, लीला उनके समानान्तर रहकर हो रही थी या हो रही है—शायद उनसे दूर रहकर ही या उनसे दूर रहकर भी। जैसे इतिहास के यंत्र से अलग एक छोटा, फालतू-सा लेकिन लगातार चलता पुर्जा। एक कुटीर उद्योग। धाराप्रवाह के बरअक्स एक मौन तटस्थता।

## 11

रामलीला ने स्वयं को वस्तुओं पर कम से कम निर्भर किया है। जो वस्तुएँ वहाँ हैं, ठोस और पारम्परिक हैं। वे अनिवार्य भी हैं। उन्हें किसी दूसरी वस्तु या युक्ति से 'रिप्लेस' नहीं किया जा सकता। उन वस्तुओं की जड़ें लीला के समस्त सन्दर्भों, लीला से जुड़े लोगों, लीला से जुड़े मृतकों, लीला की स्मृति और समाज में लीला के व्यापक विस्मरण तक फैल गई हैं। उन 'कम' वस्तुओं का, लीला की ही तरह, व्यक्तित्व है। ये वही वस्तुएँ हैं जो थीं और हमेशा, लगभग हमेशा से हैं। ये वे वस्तुएँ नहीं हैं जो पहले नहीं थीं और अब हो गई हैं। मसलन, लीला में बैकड्राप नहीं है। एक बार किसी आधुनिक नाट्यविद् ने इस लीला के संयोजकों से पूछा कि अगर आप लीला में पर्दों का इस्तेमाल नहीं करते तो एक दृश्य को दूसरे दृश्य से अलग कैसे करते हैं और रंगक्षेत्र (थियेट्रिकल स्पेस) को दूसरे आमफ़हम स्पेसेज़ से अलग कैसे करते हैं? जवाब में लीला संयोजकों ने अपने कामकाज जैसी सरल और बुनियादी बातें कहीं। उन्होंने कहा कि हमारी लीला में पर्दा तो है, बस थोड़ा बड़ा और थोड़ा दूर है। वह पर्दा दरअसल आकाश का पर्दा है और हमारा अलग से कोई स्पेस नहीं है जो ज़्यादा नैतिक या ज़्यादा पवित्र हो। समूची सृष्टि ही हमारे भगवान जी की लीला स्थली है- उनका अपना स्पेस। इसलिए हम स्पेस को स्याह-सफ़ेद में विभाजित करके देख नहीं पाते हैं। हम स्पेस को संक्षिप्त और विशिष्ट भी बना नहीं पाते।

## 12

यह आश्चर्य है कि आधुनिक रंगप्रयत्नों ने रामलीला की पारंपरीणता से कुछ ख़ास नहीं सीखा, बल्कि कुछ नहीं सीखा। यह दुर्भाग्य भारतेन्दु की उपस्थिति के बावजूद घटित हुआ और बनारस में घटित हुआ। अगर महाकाव्यात्मकता के मंचन की रामलीला जैसी उदार, भगीरथ कोशिश के साथ आधुनिकता की स्वस्थ अंतर्क्रिया सम्भव हुई होती तो जयशंकर 'प्रसाद' के नाटकों को अनभिनेय इत्यादि बताकर टालने का पलायन भी न हुआ होता। तब आधुनिक रंगमंच इतना 'यथार्थवादी', इतना अभिनय-निर्भर, इतना पूर्वनियोजित, इतना पूर्वानुमेय न हुआ होता। तब रंगमंच में जादू, रहस्य, कल्पना और अप्रत्याशित के लिए ज़्यादा जगह होती। तब 'मानस' की तरह दूसरी कविताओं को भी नाटक माना जा सकता। तब नाटक में 'टेक्स्ट' की ज़रूरत कुछ कम होती। अगर हिन्दी आधुनिकताएँ रामलीला से सीख पातीं तो आज की कविता कुछ ज़्यादा नाटक होती। और कुछ कम कविता।

## 13

नयी जिज्ञासाएँ पूछती हैं कि आधुनिक थियेटर की तरह लीला एक ही जगह पर क्यों नहीं होती? वह इधर-उधर घूम-घूमकर, एक से दूसरी जगह जाकर, दो जगहों के बीच के सफ़र में भीड़, ट्रैफिक, शोर, साधारणता और अन्य दिक़्क़तों के धक्के खाकर क्यों होती है? इसका एक जवाब यह है कि मुग़ल काल और अंग्रेज़ों के ज़माने में औरतों पर जिस तरह की बन्दिशें थीं उनके भीतर रहकर वे किसी सार्वजनिक स्थल पर जाकर मेला-तमाशा नहीं देख सकती थीं। उनके लिए ही, उनके मनोरंजन की ख़ातिर ही ये लीलाएँ अपने स्थायित्व, अपनी रिहाइश में से किसी जुलूस की तरह, किसी प्रभातफेरी की तरह या बंजारों के किसी समूह की तरह निकलकर भटकने लगी होंगी। इसके बाद औरतें घरों, छतों, मुंडेरों और बरामदों से लीला के कुछ हिस्से, लीला की झाँकी देख सकती थीं। अपने घर अर्थात् मंच से लीला के निर्वासन का तर्क स्त्री की क़ैद को कुछ कम करने की कोशिश में भी है।

## 14

शूर्पणखा की नाक काटने का प्रसंग सभी लीलाओं में जोर-शोर से मनाया जाता है। शूर्पणखा की भूमिका हिजड़ा निभाता है। एक कटोरी में हिजड़ा औरतों के पाँव में लगने वाला महावर लिये खड़ा रहता है। जैसे ही लक्ष्मण अपने तीर का स्पर्श (स्पर्श भर) उसकी नाक से कराते हैं, नाक कट जाती है और कटोरी में रखा महावर खून हो जाता है और शूर्पणखा उसे चीख-पुकार, रोष और विलाप के साथ मिलाकर चारों ओर फेंकने लगती है। फिर बड़ा भारी जुलूस निकलता है—गाजेबाजे और तामझाम के साथ। यह जुलूस कई किलोमीटर लम्बा होता है। बहुत से हाथी, ऊँट, घोड़े, रथ और काली का मुखौटा पहने तलवारबाज़ आगे-आगे चलते हैं। इनके भी आगे खर और दूषण के दैत्याकार पुतले। पीछे बैलगाड़ियों, ट्रालियों, ट्रैक्टरों और ट्रकों पर मिथकों, किंवदंतियों, पुराकथाओं और समकालीन जीवन-समस्याओं पर आधारित झाँकियाँ। ये सैकड़ों होती हैं। अधिकतर झाँकियों में बच्चे ही भूमिकाओं में होते हैं। यह लीला आधी रात से शुरू होती है और सुबह तक चलती है। यह रतजगे की लीला है। लीला-क्षेत्र में पड़ने वाले घर इस रात मित्रों, रिश्तेदारों, ससुराल से पधारी बहनों, बेटियों और उनके बच्चों का उपनिवेश बन जाते हैं। कुछ लोग खिड़कियों और मुंडेरों की सोहबत में नक्कटैया देखना पसंद करते हैं और कुछ मेले में पैदल भटकते हुए। अरसे तक यह त्योहार प्रेमी-प्रेमिकाओं की आदर्श स्थली बना रहा। बाद में कुछ ज़्यादा ही उद्दाम और उत्तेजक अवसर प्रेम के पैदा हो गए तो इस मोर्चे पर भी नक्कटैया पीछे छूट गई। जुलूस में शामिल झाँकियों में हास्य और व्यंग्य की केन्द्रीयता होती है। कुछ जानकार लोगों का कहना है कि पराधीनता के दौर में ब्रिटिश राज के अन्यायों की हँसी उड़ाने के लिए इन झाँकियों को लीला में जोड़ा गया। लीला के विराट में ये आधुनिक और विद्रोही प्रयत्न बहुत सहजता से खप गए हैं। इनकी वजह से लीला का एक भिन्न पाठ भी तैयार होता है।

## 15

मित्र साथ था और भरतमिलाप की लीला हो रही थी। बनारस की सभ्यता की लोकप्रियता का स्मारक लक्खी मेला। जिन मेलों में अनिवार्यतः लाखों लोग आते हैं, स्थानीय परम्परा में उन्हें लक्खी मेला कहा जाता है। पन्द्रह मिनट की लीला स्थानीय पुलिस और प्रशासन की तैयारियों की परीक्षा लेती हुई सम्भव होती है। चौदह वर्ष के वियोग को पार कर भाई गले मिले। लोगों ने 'बोल दे राजा रामचन्द्र की जय' और 'हर हर महादेव' का उद्घोष किया। लोगों ने 'जय श्री राम' का उद्घोष नहीं किया। हज़ारों यादवों के कंधे पर आरूढ़ होकर पुष्पक विमान नन्दीग्राम से अयोध्या की ओर उड़ता हुआ-सा चला। मित्र ने गर्वोक्ति के-से लहज़े में कहा : "ओसामा बिन लादेन ने 2015 तक पूरी दुनिया को मुसलमान बनाने की चुनौती दी है। क्या यह मुमकिन है?" सवाल वाहियात था और मज़ाक या डाँट में ही उत्तर दिया जा सकता था। मैंने मज़ाक किया—"हम सब लोग तो पहले से ही मुसलमान हैं। हमें कोई क्या बनाएगा?" बहरहाल, हम विमान के पीछे की विराट भीड़ का हिस्सा होकर आगे चले और मित्र के सवाल का उत्तर सामने आ गया। मुसलमानों की विपुल संख्या मेला देखकर निकल रही थी। चारों ओर टोपियाँ और लुंगियाँ। मित्र झेंपते हुए मुस्करा रहे थे। उनकी चिढ़ इस हिस्सेदारी के आगे झूठ हो रही थी।

## 16

लीला और प्रकारान्तर से मानस के क़रीब होने में अद्वैत का आकर्षण है। अगुण और सगुण के बीच, ज्ञान और भक्ति के बीच, शंकर और राम के बीच, होने और होने के अभिनय के बीच।

## 17

जानकारों को मानस-गान बेसुरा लग सकता है। वहाँ पर्याप्त रफ़नेस और पराक्रम है भी। कुछ चीखना, कुछ बहरों को सुना डालने की कशिश। तर्क के धरातल पर एक बेसुरापन कभी-भी उसमें साबित किया जा सकता है। लेकिन अगर कानों में थोड़ी बहक हो और कुछ तर्कातीत सुनने का हुनर हो तो वहाँ ख़ज़ाना है। वहाँ निरे-वर्तमानकालिक सुरीलेपन के फ़ासिल्स हैं। एक आदिम आर्केस्ट्रा के जीवाश्म। और इस प्रकार बेसुरे होते जाने की प्रक्रियाएँ। बीच की धूल। रास्ते का शोर। दुर्घटनाएँ। इस संगीत से इश्क़ करना आसान नहीं है। यह किसी शुद्ध संगीत का अपभ्रंश है। उसे सुनना और सराहना मूल को खोजने की मेहनत है।

## 18

लीला के संचालन में आने वाली दिक़्क़तें विचित्र हैं। पैसे और संसाधन इकट्ठा करना एक चैलेंज है। हिन्दू उच्च वर्गों में रामलीला के प्रति उपेक्षाभाव है। इसी समय होने वाली दुर्गापूजाएँ ज़्यादा चमकीली और उत्तेजक हैं। वे परम फैशनेबल हैं और वक्त के साथ चलने में माहिर। सत्ता-राजनीति और कारपोरेट सेक्टर ने उनके भीतर अपने अभेद्य लालची ठिकाने बना लिए हैं। उनके संगठन में माफिया का बोलबाला है। लोग उनसे डरते हैं और यह वक़्त ऐसा है जिसमें लोग जिस चीज़ से डरते हैं उसी को पसंद करते घूमते हैं। दुर्गापूजाएँ, अजीब ट्रेजिडी है, कि बदनाम होकर प्रतिष्ठित हैं। रामलीला से उनका कोई प्रत्यक्ष टकराव नहीं है, लेकिन टकराव प्रत्यक्ष कहाँ होते हैं? लीला समितियाँ प्राचीन हैं। उन्हें राजाओं, रईसों और महाजनों से लीला करने के लिए भूखण्ड मिले हैं। उन्हें छीन लेने और उन पर क़ब्ज़ा कर लेने के षडयंत्र लगातार होते रहे हैं। लेकिन लीलाएँ ख़ुद को बचाना और बढ़ाना जानती हैं। सबसे प्राचीन और समृद्ध रामलीला समिति ने नगर के सर्वाधिक प्रतिष्ठित वकील को अपना सचिव बना लिया है।

यह भी एक लीला है।

## 19

रामकथा में एक बदतमीज़ पक्षी है, जयन्त। राम उसकी आँखें फोड़ देते हैं। तुलसी के 'मर्यादित' टेक्स्ट में यह प्रसंग कुछ ऐसे घटित होता है कि वह पक्षी सीताजी के चरणों को अपनी चोंच के प्रहार से घायल कर देता है। वाल्मीकि के यहाँ पक्षी ज़्यादा उद्धत है। वह सीता के स्तनों को छलनी करता है। बहरहाल, यह लीला उस पक्षी की चंचलता की तरह घटित होती है। ढलती दोपहर में एक बड़े मैदान में लोग ख़ासकर नौजवान और किशोर—हाथों में पत्थर लेकर नेत्र-भंग की लीला होने का इंतज़ार करते हैं। राम जयन्त के मुखौटे की आँखों में जैसे ही तीर का स्पर्श (स्पर्श-मात्र) कराते हैं, जनसमूह उस बदमाश पक्षी पर पत्थरों की बारिश करने लगता है। जयन्त का मुखौटा पहना आदमी अक्सर लहूलुहान हो जाता है। कई बार वह जान बचाने के लिए भागता हुआ पुलिस थाने में छिप जाता है।

इसी बीच वह पक्षी हेल्मेट पहनकर लीला में आने लगा है।

## 20

प्रयोग 'एब्सोल्यूट' नहीं है। वह हमेशा परम्परा की सापेक्षिकता में घटित होता है। प्रयोग से जिस चीज़ पर सबसे ज़्यादा असर पड़ता है उसका भी नाम परम्परा है। रामलीला के भीतर न जाने कितने प्रयोग उपस्थित हैं और उतने ही ज़्यादा प्रयोगों की संभावनाएँ। हरेक आगामी स्पंदन की जगह वहाँ है और उसके परिसर में पर्याप्त बड़प्पन है। वहाँ भीड़-भड़क्के और शोरगुल का आलम है और नए का स्वागत करने की वत्सल ललक। वह छोटे से छोटे नवाचार से आपादमस्तक थरथरा जाती है और झूमते हुए उसे ख़ुद में शामिल कर लेती है। उसके प्रकांड अतीत के तथ्य देखकर लग सकता है कि वह कोई स्थिर और बंद चीज़ है। लेकिन रामलीला के साक्ष्य से साबित होता है कि ऐसा है नहीं। 'इम्प्रोवाइजेशन' के लिए लीला के भीतर मनमानी जगहें हैं।

मसलन, एक शाम एक पिता अपनी दो साल की बच्ची के साथ लीला में पहुँचे। रावण का दरबार लगा हुआ था और कुछ ही देर में अंगद अपने पाँव जमाकर उसे हिला-भर देने की चुनौती वहाँ उपस्थित राक्षसों को देने वाला था। यह लीला उसी मैदान में होती है जहाँ राम-रावण युद्ध होता है। बगल में युद्धस्थल निर्माण चल रहा था। मूँगफली, गुब्बारों और गरीब खिलौनों की दुकानें लगी हुई थीं। थोड़े सयाने बच्चों का मन इस ठहरी हुई दरबारी लीला में नहीं लग रहा होगा इसलिए वे दौड़धूप के खेल खेल रहे थे। रामायणियों का दल मानस की प्रसंगानुकूल पंक्तियाँ गा रहा था। पिता गोद की बच्ची के साथ रावण-दरबार के क़रीब पहुँचते गए। एक ही आसन पर तीन राक्षस विराजमान थे। बीच वाला भव्य है इसलिए वही रावण है।

तो सिर से कमर तक कपड़े का शानदार चेहरा पहने रावण की निगाहें बच्ची से मिलीं। छोटी बच्ची रावण की आँखों की चंचल बदमाशी को समझ नहीं सकी होगी। इसलिए उस पर कोई असर नहीं दिखा। वह डिजिटल ज़माने की बच्ची—तमाम कार्टून चैनल्स पर इस गरीबतर रावण से न जाने कितने गुना वीभत्स डरावने आकार देखने की अभ्यस्त। लीला के रावण का किंचित अपमान हुआ। वह धीरे से उठा। यह बड़ा एकान्त उठाना था। जैसे सृष्टि में कहीं भी इसे नोटिस न किया गया हो।

एक सर्वथा अलक्षित मानवीय क्रिया। सिर्फ़ एक पिता और एक बच्ची सरीखे दो ग़ैर ज़रूरी दर्शकों के सामने घटित होता रंगकर्म। मूल कथा से दूर, मूल कथा से भिन्न, कहानी की वयस्क केन्द्रीयता के विरुद्ध 'अनाख्यान' के पक्ष में एक किशोर उत्पात। बहरहाल, तलवारधारी रावण ने गोद की बच्ची को दौड़ा लिया। और इस बार बच्ची डर गई। यह संवेदना का 'वर्चुअल टूर' नहीं था, जीवन-वास्तव था। यह कला-वास्तव थी।

## 21

धर्म के विभिन्न मतांतर, परस्पर विरोधी जीवनदृष्टियाँ और भाँति-भाँति के पक्ष-प्रतिपक्ष रामलीला नामक सांस्कृतिक अभियान में साथ-साथ सक्रिय हैं। यह महान तथ्य सुस्थापित है लेकिन इसे अभिनव उदाहरणों के साथ बार-बार दुहराने की ज़रूरत है। मौनीबाबा की रामलीला में मेघनाथ की भूमिका पाँचों वक़्त का नमाज़ी एक मुसलमान अदा करता है। साल भर 'राधे-राधे' जपने वाले बल्लभाचार्य सम्प्रदाय के अनुयायी, गोपाल जी के भक्त, नित्यप्रति गोपाल मंदिर की परिक्रमा करने वाले और सम्भवत: वर्ष में एक बार भी विश्वनाथ जी की ओर रुख़ न करने वाले कट्टर पुष्टिमार्गी बाईस दिनों के लिए राम के हो जाते हैं। यों, ऐसे सारे परस्पर उलझे हुए संदर्भ रामलीला के साथ रहकर, लेकिन उसके समानान्तर, एक और लीलामय जीवनलीला सम्भव करते हैं।

# चौथा दरवाजा

## जनगणना

और जब बग़ैर किसी ख़ास वजह के आप उनसे पूछते हैं कि आपका नाम क्या है, आप कौन-सी नौकरी करते हैं तब पता चलता है कि विजय प्रकाश लाल जनगणना नहीं प्रेम करने निकले हैं। एक कानूनी दिन में सिर्फ़ 5 घरों की जनगणना की जा सकती है, लेकिन वह सुबह से 34 घरों को निबटा चुके हैं और सूर्यास्त तक पूरे मुहल्ले का हिसाब साफ़ कर देने का इरादा रखते हैं। वह चाय पीने और दूसरी औपचारिकताओं के सामने लगातार सख़्त होते इंसान हैं। यों, आजकल जनगणना नहीं इश्क़ हो रहा है मेरे देश में।

जीवन के उन्तालीस मनहूस नागरिक विवरण नोट कराते हुए मालूम हुआ कि अत्यन्त रूढ़ सरकारी हिंदी में अपने निम्नमध्यवर्गीय वाक्य का विन्यास ज़बान पर क़रीने से उठाए विजय प्रकाश अगर इतनी जल्दी-जल्दी अपने कर्त्तव्य पूरे कर रहे हैं तो अपने लिए नहीं, अपनी आभा के लिए। आभा आँगनबाड़ी में काम करती हैं और ऐसे ही किसी सरकारी सिलसिले में उनकी टाँग टूट गई है।

तो आभा आजकल विजय की आभा हैं। विजय के सुर्ती ठोंकने की लयगति की आभा, पस्ती और स्याह, उनके पास इकट्ठा पोथी-पतरे और जनगणना के झोले की आभा हैं आभा। विजय के धीरज की रफ़्तार हैं आभा। विजय 'आभा'-'आभा' नहीं कर रहे हैं लेकिन उनमें कितनी आभा 'हैं'। और जब विजय काम में या आभा में हैं, यह ख़याल है कि चुनौती कि नंदन नीलकेणी के इस महाभियान में आबादी जैसा कितना कुछ है जो गिनती बनकर है और प्रेम जैसा कितना, जो गिनती भी नहीं।

# अनुभव से जानना कि वसंत है

**(रघुवीर सहाय की याद)**

मैंने देखी थी एक औरत
देखने में लकड़ी की औरत लगती थी
दुनिया की कोई भी भाषा
न बोल पाती थी न समझ पाती थी
कोई कहता था नेपाल से आई है लकड़ी की औरत
मैं उससे कहता था—'भाईसाहब'
इसका मतलब यह है कि मैं उससे कुछ भी नहीं कहता था

आज शाम एक बुज़ुर्ग चुपचाप मेरे तीन सौ साल पुराने घर में घुसा
कितना नन्हा बुज़ुर्ग
कानों में मफ़लर लगाए धुँधला कुर्ता पाजामा पहने
नाटा दुबला चुप बुज़ुर्ग
मैंने उसे लकड़ी की औरत की तरह ही पुकारा—'भाईसाहब'
उसे लगा कि कोई उसे बुला रहा है
वह लौटकर आया दुबला नाटा नन्हा बुज़ुर्ग

उसने मुझे भी पल-भर देखा था
देखा—देखकर तय न कर पाया मैंने उसे बुलाया था या नहीं
मैं भी तय नहीं कर पाया मैंने उसे बुलाया था या नहीं
वह लौटा उस पुकार पर, जिसके बारे में उसे पता था कि वह उसके लिए नहीं थी

उसे पता था कि कोई पुकार उसके लिए नहीं है
और जबकि यह हुआ था कि मैंने उसे पुकारा था
वह आश्वस्त होकर चला गया कि किसी ने उसे नहीं पुकारा है
मैंने उसे जाते हुए कुछ दूर तक देखा
नन्हा और चुप बुज़ुर्ग
काँख में दबाए वीणावादिनी की तस्वीर का टूटा हुआ फ्रेम
जिसे सुधारकर लाएगा वह वसंत पंचमी के एक दिन पहले
बहुत नन्हा बहुत चुप बुज़ुर्ग

यों, एक बात हुई तो थी
लेकिन उसके लिए नहीं हुई थी जिसके लिए हुई थी

ऐसी पुकारें, ऐसे अनुभव, ऐसे चुप और नन्हे बुज़ुर्ग, ऐसी लकड़ी की औरतें—
जिन्हें कहा गया भाईसाहब, बाबूजी, अम्मा, आंटी, अंकल, अबे, अरे, इधर सुन
वे आए बार-बार
लेकिन उन्हें बुलाया ही नहीं गया
हम नहीं बुलाते उन्हें वे बार-बार आ जाते हैं
चुप, नन्हे, दुबले, धोती, पाजामे और गमछे वाले
वीणावादिनी के फ्रेम को सुधारकर
वसंत पंचमी के ऐन पहले

वे अनुभव से जानते हैं
कि वसंत है

# शुरुआत की शुरुआत या अंत के अंत में

प्यास को लगती है बहुत तेज़ प्यास
भूख कई बार भूखी रह जाती है
नींद को नींद अगर आ गई तो सपने सपना देखने लगते हैं
झूठ झूठ बोलता है कि वह सच है
सच बोलता है सच कि सच है उसका नाम
ग़लती से हो जाती है ग़लती प्यार को प्यार हो जाता है
सुन्दरता हो जाती है सुन्दर चिड़िया चिड़िया हो जाती है आधी रात तक चहकती है—रात की सुबह से रात की रात तक
रात की दोपहर में बन्दर तुलसी के पत्ते खाकर अपनी खाँसी ठीक कर लेता है
इन्तज़ार करता है देर तक इन्तज़ार लहरें लहरों की तरह लहराती हुई आती हैं
हवा हवा सी पेड़ पेड़ सा फूल फूल सा

एक होता है यौवन का बचपन—बुज़ुर्ग यौवन से सीखता हुआ
सीखने की तरह सीखना है छपाक छपाक की तरह
बात बात से बात करती है बात बात से बात करता है
सुबह की सुबह के बाद सुबह की दोपहर के बाद सुबह की शाम शाम की दोपहर

शाम की शाम सितारों के सितारे और चाँद का चाँद
तुम्हारा आना तुम्हारे आने का इन्तज़ार तुम्हारे आने की आहट
तुम्हारे आने की हवा तुम्हारे आने के समाज की राजनीति के आरम्भ के अन्त से शुरू होने वाली बात का हल्का सा पुरानापन

यह जीवन-विन्यास हो भी सकता है

# पोंऽऽऽ

यार, ख़ूब मन लगाकर शादी कीजिए
फिर ख़ूब मन लगाकर बनारस आ जाइए

सुनिए उस कारख़ाने के सायरन की आवाज़ जो सन् 2000 में ही बंद हो गया
रोज़ाना 8 बजे, 1 बजे, 2 बजे, 5 बजे
धिन धिन धा धमक धमक मेघ बजे

आइए तो मिलकर पता लगाया जाय कि वह आवाज़ आती कहाँ से है, यह भी संभव है कि वह आवाज़ सिर्फ़ मुझे ही सुनाई देती हो एकाध बार मैंने रमेश से पूछा भी कि कुछ सुनाई दे रहा है आपको तो वह ऐसे मुस्कराए जैसे मेरा मन रखने के लिए कह रहे हों की हाँ

दिक्क़त है कि लोग सायरन की आवाज़ सुनना नहीं चाहते, नए लोग तो शायद सायरन की आवाज़ पहचानते भी न हों सायरन बजता है और वे उसकी आवाज़ को हॉर्न, शोर, ध्वनि प्रदूषण और न जाने क्या-क्या समझते रहते हैं। नाक, कान, गले के डॉक्टर ने मुझसे कहा कि तुम्हारे कान का पर्दा पीछे चिपक गया है और ढंग से लहरा नहीं पा रहा है—इसकी वजह से तुम्हें बहुत-सी आवाज़ें सुनाई नहीं देंगी तो मैंने उनसे कहा कि मुझे तो सायरन की आवाज़ बिलकुल साफ़ सुनाई देती है—रोज़ाना 8 बजे, 1 बजे, 2 बजे, 5 बजे, तो वह ऐसे मुस्कराए जैसे मेरा मन रखने के लिए कह रहे हों कि हाँ

यार, ख़ूब मन लगाकर शादी कीजिए फिर ख़ूब मन लगाकर बनारस आ

जाइए आपमें हीमोग्लोबिन कम है और मुझे सायरन की आवाज़ सुनाई देती रहती है, आइए तो मिलकर पता लगाया जाय कि वह आवाज़ आती कहाँ से है

कारख़ाना बंद है तो सायरन बजता क्यों है? जहाँ कारख़ाना था वहाँ अब एक होटलनुमा पब्लिक स्कूल है स्कूल में प्रतिदिन समय-समय पर घंटे बजते हैं लेकिन सायरन की आवाज़ के साथ नहीं बजते। सायरन की आवाज़ के बारे में पूछने के लिए मैंने स्कूल की डांस टीचर को फ़ोन किया तो वह कहने लगी कि पहले मेरा उधार चुकाओ फिर माफ़ी आदि माँगने पर उसने कहा कि उसकी कक्षा में नृत्य चाहे जिस ताल में हो रहा हो, ऐन सायरन बजने के मौक़े पर सम आता ही है। परन, तिहाई, चक्करदार—सब—सायरन के बजने की शुरुआत के बिंदु पर ही धड़ाम से पूरे हो जाते हैं।
मसलन तिग दा दिग दिग थेई, तिग दा दिग दिग थेई, तिग दा दिग दिग पोंऽऽऽऽऽऽऽऽऽ

(यहाँ—तिग दा दिग दिग—कथक के बोल
पोंऽऽऽऽऽऽऽऽऽ—सायरन की आवाज़)

सायरन की आवाज़ न हुई, ब्लैकहोल हो गया। बहुत सी चीज़ों का अंत हो जाता है उस आवाज़ की शुरुआत में—पिता, पंचवर्षीय योजना, पब्लिक सेक्टर समूह, प्रोविडेंट फंड, ट्रेड यूनियन और हड़ताल—सब—सायरन के बजने की शुरुआत के बिंदु पर ही धड़ाम से पूरे हो जाते हैं।

कभी-कभी धुएँ और राख़ और पानी और बालू में से उठती है आवाज़। वह आदमी सुनाई दे जाता है जो इस दुनिया में है ही नहीं, कभी-कभी मृत पूर्वज बोलते हैं हमारे मुँह से। बहुत-सी आवाज़ें आती रहती हैं जिनका ठिकाना हमें नहीं पता। वैसे ही, सायरन बजता है रोज़ाना 8 बजे, 1 बजे, 2 बजे, 5 बजे।

जैसे मेरा, वैसे ही सायरन की आवाज़ का, आदि, मध्य और अंत बड़ा अभागा है। बीच में हम दोनों अच्छे हैं और आपसब की कुशलता की प्रार्थना करते हैं। बीच में, लेकिन यही दिक़्क़त है कि पता नहीं लगता कि हम कहाँ हैं और ज़माना कहाँ है?

नींद में की जाग में,
पानी में की आग में,
खड़े-खड़े की भाग में।

आइए यार, तो ढूँढ़ा जाय कि सायरन की आवाज़ कहाँ से आती है और हम लोग कहाँ हैं?

# सड़क

सड़क बनती है पिछली सड़क बीत जाती है
तब तक उस पर पड़े क़दम बीत जाते हैं
उसके पहले की सड़कों पर पड़े क़दम और भी बीत जाते हैं
मज़दूर नेता की शवयात्रा में उसी सड़क पर एक मज़दूर का चप्पल टूट जाने
की घटना बीत जाती है
मामूलियत बीत गई महानताएँ बीत गईं जोश बीता लड़ाइयाँ बीतीं
पटाक्षेप का भी पटाक्षेप हो गया

और अब,

पीले और हरे पत्ते गिरते हैं उसी क्षण कोलतार बिछा दिया जाता है
ताज़ा कोलतार पर गाय के गोबर करते ही रोलर चलने लगता है
खत्री जी की हवेली नई सड़क से कुछ इंच और नीचे हो जाती है

बिल्कुल अभी के अनुभव जीवाश्म बनते हैं, झाँकते हैं सड़क के आईने में से
लोग देखते हैं अपनी बीती हुई शक्लें
कभी पत्ता, कभी पीक, कभी गोबर
इस बात के मरणधर्मा प्रमाण कि कभी थे।

# एक प्रेम था

एक प्रेम था। पहले प्रेम-सा था। प्रेम क्या, पूरा निबंध था। उसमें सोलह की गंध थी, यानी नहीं भी थी। वह पृथ्वी पर टहलने की बकवास प्रस्तावना था। उसमें आगामी हस्तमैथुन ऊबड़-खाबड़ एक-दूसरे के ऊपर चढ़े हुए थे। उसमें शिश्न का भूरा था। वीर्यपात के बाद का वैराग्य था उसमें। अब हम मरें नहीं तो इस बात पर क्या हँसने लगें कि जीने-मरने की कसमें थी वहाँ। उसमें 'बेटा! मामाजी को नमस्ते करो' था। उसमें बनारस का एम.पी. बन जाने की भीषण योजना थी। उसमें सामंत और आगामी माफिया के संवेदन और प्राप्त कर लेने की लालसा थी। उसमें बचने की उम्मीद और तत्काल की प्रागैतिहासिकता थी। उसमें क्लर्कनुमा सुन्दर हस्तलिपि थी। उसमें एक अवसरवादी के जूते की बदबू थी।

## कुछ का कुछ

ग्लेशियर बाद में गलते हैं
और हिमालय प्रेस नाम का हिंदी छापाख़ाना पहले बंद हो जाता है
पंचम राम समेत बारह कम्पोज़ीटर और प्रूफ़ रीडर अकालनिवृत्त हो जाते हैं
यों, बग़ैर कलफ़ के साफ़ धोती-कुरता पहनने वाली एक दर्जन साइकिल नागरिकताएँ किसान बना दी जाती हैं मज़दूर बना दी जाती हैं और कुछ के बारे में पता नहीं है कि वे क्या बना दी जाती हैं

नागरिकता जैसियों को ज़रूर कुछ का कुछ बना दिया जाता है,

आइन्दा वे कुछ और बना दी जाएँगी
सत्तर के शहर को तेल लेने भेज दिया जाएगा

मेले में मूँगफली बेचने लगता है लेटरप्रेस में सही वाक्य संभव करने वाला
आविष्कारक वैज्ञानिक कम्प्यूटर नहीं सीख पाता
अश्लील भोजपुरी में गर्क़ होने को है भाषा की शख़्सियत
यहीं टूटने थे खड़ी बोली के गुम्बद
यहीं बक सकता था गाली दारोग़ा—माँ की, बहन की, दुनिया के सभी भाइयों और बेटों और प्रेमियों को
यहीं बनना था आस्था को सबसे बड़ा तर्क
यहीं तय होने थे हिन्दू-मुसलमान, आदमी-औरत, ज़्यादा आदमी और कम औरत, काव्यात्मक-अकाव्यात्मक के फ़र्क़

और जब सब तय हो ही गया है तो दारोग़ा का नाम भी बता दिया जाना चाहिए, क्योंकि इतने नुक़सान के बाद एक नाम आख़िर किसी चीज़ का और कितना नुक़सान कर सकता है।

तो दोस्तो,
दारोग़ा का नाम है
विभूति नारायण राय।

## कार्य-कारण

*शायद किसू के दिल को लगी उस गली में चोट*
*मेरी बग़ल में शीशा ए दिल चूर हो गया*

पन्त जी की कविता चींटी पढ़ाने के कुछ मिनट बाद
दिखती है चींटियों की कतार एक लड़की की आँख में—पहली चमक-सी चमक पैदा करती हुई
यह कविता का समझा जाना हो सकता है
या एक अन्य कविता की शुरुआत
यह ख़ात्मा हो सकता है कविता का
या ख़ात्मे का ख़ात्मा

लोग कहते कुछ
और करते कुछ हैं
और जब यह बात कार्य-कारण-सम्बन्ध की तरह नियम बन गई है,
कुछ लोग जो कहते हैं
वही कर देते हैं

मैं उसकी ओर देखता हूँ तो वह भी देखती है मेरी ओर
मैं इस संसार की सर्वाधिक निर्जीव और जड़ चीज़ों की ओर देखता हूँ—लोहे की पाइप, कटे हुए बाल, गाड़ी की स्टीयरिंग, धम्मेख स्तूप और आनंद के तलवे की तरफ़, तो न सिर्फ़ ये चीज़ें भी मुझे देखती हैं,
वह भी घूरने लगती है मुझे

लिखता है कवि अपने छन्द में
और मुझ तक पहुँचता है वह गद्य के सबसे रुक्ष उदाहरण की तरह

जो बातचीत बहुत बहक कर की जानी थी
वह कमबख़्त वस्तुनिष्ठ हो जाती है फ़ोन पर
और यह नीच ट्रैजिडी भी जुड़ जाती है दोस्ती के गड़बड़-सड़बड़ हिसाब-किताब में

*बिल्ली रास्ता काट जाया करती हैं*
*प्यारी-प्यारी औरतें हरदम बकबक करती रहती हैं*
*चाँदनी रात को मैदान में खुले मवेशी*
*आकर चरते रहते हैं*

*और प्रभु यह तुम्हारी दया नहीं तो और क्या है*
*कि इनमें आपस में कोई सम्बन्ध नहीं*

(शुरुआत के दो वाक्य मीर तकी मीर और अंतिम छह रघुवीर सहाय की एक मशहूर कविता से लिए गए हैं। कवि हमेशा की तरह उनका कृतज्ञ)

## जैसे वैसे

जैसे फ़ोन पर किसी को पता नोट करा रहे हों और अंग्रेज़ी के 'V' से कोई शब्द शुरू करना हो
जैसे 'Varanasi' से शुरू करना हो
जैसे बहुत बोल-बोल कर नोट कराना हो अपना पक्ष, कि घटना ऐसे नहीं वैसे हुई थी
और जो नहीं हुआ वह होकर रहेगा,

वैसा

धूल से साँवला घुटना
हवा के निर्भार में एक अप्रतिम 'V' बनाता हुआ
किसी बेहद क़िस्म के मूल की परछाई
और मूल भी इसी परछाई से पैदा हुए होंगे,

मूल परछाइयों से ही जन्म लेते हैं
निगाह से जन्म लेते हैं दृश्य
सपने में पानी बरसता है तो लगता है नींद में बरस रहा है
और सुबह कोई किसी से पूछता है...

'कल पानी बरसा था?'

## दृष्टान्त

1. मरने से काफ़ी पहले किसी ने देख लिया होगा वह पेड़ जिसकी लकड़ियों से बनेगी उसकी चिता।
2. आगे की सड़कों पर लगने वाले ट्रैफ़िक जाम कुछ लोगों को पहले ही मालूम हो जाते हैं।
3. नितांत चालू हिंदी फ़िल्मों में आए दुख में कई बार बिल्कुल अपने-अपने आँसू देखे हैं ज़िन्दगी की नाइकाओं ने।

इन लचर दृष्टान्तों के आधार पर कम से कम कविता में कहा जा सकता है कि
उसने तुम्हें देख लिया होगा तुम्हें देखने से पहले,
जैसे एक बार तुम्हें देख लिया था तुम्हें देखने के बाद

दरअसल इस सारे फ़साने में पहले और बाद का कोई चक्कर ही नहीं है, कहाँ से पहले और कहाँ के बाद?
कभी लगता है कि सारी गाड़ियाँ पहले ही छूट चुकी हैं
और कभी यह कि अपना वक़्त अभी आया ही नहीं।

इसलिए अगर कोई ऐसी किसी भाषा में कुछ सोचने या लिखने लगे जिसमें 'अतीत' और 'आगामी' जैसे शब्द एक ही अर्थ देते हों तो ज़्यादा दिक़्क़त में पड़ने की ज़रूरत नहीं है, ज़्यादा से ज़्यादा यही न होगा कि 'आगामी' का झंझट करते हुए वह 'व्यतीत' को भी साँसत में डाल देगा, तो डाल दे, हमें इससे क्या लेना-लादना? वह अपने रास्ते हम अपने रास्ते। उसके वाक्यों में तो क़दम-क़दम पर इतने संशय कि वह अगर लिख रहा हो तो उसके ही मुहावरे में 'वह कुछ और कर रहा है।'

## अलावा

उसमें देखने के अलावा भी था। उसमें मुस्कराहट के अलावा भी था। उसमें न देखने और न मुस्कराने के अलावा भी था। उसमें उसके अलावा भी था। उसमें है के अलावा भी था।

उसमें एक घड़ा था, साफ़ पानी से नहीं पेयजल से भरा हुआ।

तत्सम की बाधाएँ थीं और बाधाओं के अलावा भी था। हम तद्भव की तरह छलक जाते थे।

उसमें मरण था और मरण के अलावा। अथ और इति के अलावा। उसमें मेरी बेटी रहती थी। मैं रहता था उसमें, एक बेटी का बाप। एक बेटी का बाप होने के अलावा भी मैं उसमें था। मेरा बाप था उसमें सनातन सेकुलर कांग्रेसी। उसमें एक मामूली रोड़ा था प्रधानमंत्री की राह का।

रोड़े पर, घड़े पर, किताब पर, आँखों पर मेरी, मेरे काले हाथों पर, लकड़ी पर, नींद पर, रुमाल पर, गणेश जी की तोंद पर तुम्हारा स्पर्श।

उस स्पर्श में स्पर्श के अलावा भी था।

## अंगूर

(उदयन वाजपेयी के लिए)

और जिस दिन तुम्हें पता चला कि संज्ञाएँ सम्प्रेषण की सुविधा के अलावा कुछ नहीं हैं, तुम स्कूटर चला रहे थे। जिस क्षण यह ख़याल ब्रह्माण्ड को तुम्हारे लिए पुनर्विन्यस्त कर रहा था—वह—इस दुनिया की साधारणता का एक महान क्षण—जब तुम अपने आविष्कार को दे दिए गए थे, तुम्हारे हमसफ़र ने कहा—'बेबी दी के यहाँ से अंगूर लेने थे...'। लेकिन औदात्य देखो कि यह दुनियादार प्रतिक्रिया अब उसी खोज का हिस्सा है और उसी सफ़र का जिसमें तुम अपने हमसफ़र के साथ कहीं के लिए निकले थे और फ़िलहाल बेबी दी के घर से आगे चले आए हो।

# मैं हूँ और वे हैं

1

इस बीच कई बार बार धूप खिली। अचार के मर्तबान से गुप्ताजी के सिर तक तक फैलकर उसने मनमाने चित्र बनाए। बहुत दिनों बाद देखकर खुश हो जाऊँ, ऐसे आई थी वह। समय के बीतने के साथ उसका कोई सम्बन्ध है ज़रूर। वह आती है और हर याद स्मृति हो जाती है।

वे बिलकुल अभी के स्पंदन, स्पर्श, उल्लास, क्रोध, विरोध और झटके थे। वे मैं थे। मैं वे था। और अब, अब ये धूप है और मैं हूँ और वे हैं।

2

वे स्पंदन वहीं हैं। उसी बिन्दु पर स्थिर और गतिमान क्योंकि गति का यह मतलब नहीं है कि वह हर बार मुझ पर, मेरे वक़्त पर गुज़रे या 'अभी' में हो। वह अभी भी हो सकती है और कभी हो सकती है। जो हुई थीं, वे बातें भी अभी हो रही हैं। बस हम उनमें जा नहीं पा रहे। जो होने वाली हैं वे भी हो रही हैं। हम उनमें जा सकेंगे शायद।

3

एक साइकिल एक पतंग गालियाँ बकता हुआ एक बदतमीज़ तोता, ऐसी ही चीज़ों से बना था संसार। समोसा भी था उसमें—छोटा और सनसनीखेज़ जीवन जीता हुआ, मौत के कुएँ में बेतहाशा मोटरसाइकिल चलाता हुआ, नुकीला और अनिवार्य। ठीक है कि एक दुनियादार गड़प है उसकी नियति, लेकिन हिम्मत देखिए जनाब। कल फिर हाज़िर।

4

मन्ना डे इमरती बना रहे हैं। ये वही नहीं हैं, याने दादा साहब फाल्के वाले। अलग हैं। ये उन जैसे हैं और उन जैसे न भी होते तो भी इनका नाम मन्ना डे होता। बल्कि जो मनुष्य सामने खड़ा इमरती का इंतज़ार कर रहा है उसका भी नाम मन्ना डे होता। कोई भी मन्ना डे होता। किसी को भी मन्ना डे होने का हक़ है। कुछ देर में जो लोग मुर्दा फूँककर आएँगे और इमरती की बजाय भचर-भचर पूड़ी-सब्जी खाने लगेंगे, वे भी होते मन्ना डे। वे भी होंगे मन्ना डे।

# मैं तुम्हारा इंतज़ार नहीं कर रहा हूँ

(भावोच्छ्वासनुमा कुछ)

जो संगीत तुम्हारे लिए बना था वह मुझ पर से होकर गुज़रता है यह क्रूरता नहीं है तो क्या है। उधर तुम मेरा इन्तज़ार कर रही हो इधर संगीत तुम्हारा इन्तज़ार कर रहा है मैं तुम्हारा इन्तज़ार नहीं कर रहा हूँ। मैं तो आई पॉड पर गाना सुन रहा हूँ वही गाना जिसे सुनने का तुम्हारा बहुत तेज मन था उसे सुन रहा हूँ मैं तुम्हारा इन्तज़ार नहीं कर रहा हूँ।

उसे सुनता ही जा रहा हूँ मैं तुम्हारा इन्तज़ार नहीं कर रहा हूँ जो संगीत तुम्हारे लिए बना था वह मुझ पर गुजरता है यह क्रूरता नहीं है तो क्या है? वैसे मैं तुम्हारा इन्तज़ार नहीं कर रहा हूँ मेरी आँख में कतई आँसू नहीं हैं हो भी नहीं सकते कोई सवाल पैदा नहीं होता ये फालतू बात बीच में आ भी कहाँ से गई। वैसे तो सभी बातें फालतू हैं लेकिन आँसू वाली बात खासतौर पर फालतू है आँसू नहीं है पसीना नहीं है पंखा चल रहा है बाक़ायदा सर के ऊपर मैं तुम्हारा इन्तज़ार नहीं कर रहा हूँ गाना सुन रहा हूँ वही गाना सुन रहा हूँ तुम बताओ कि उस गाने को मैंने एक बार सुना होगा कि बार-बार। वैसे यह सवाल भी क्या सवाल है लेकिन अगर बताने का मन करे तो बता ही दो लेकिन तुमको कैसे पता चलेगा कि उस गाने को मैंने एक बार सुना होगा कि बार बार। जो संगीत तुम्हारे लिए बना था वह मुझ पर से होकर गुज़रता है यह क्रूरता नहीं है तो क्या है

तुम हाशिया नहीं छोड़ते तुम समय से नहीं आते तुम्हें किसी के इमोशंस की परवाह नहीं है अब यह काम भी तुमसे नहीं हो पायेगा वह भी। तुम जगते रह

जाओगे। मैं तुम्हारा इन्तज़ार नहीं कर रहा हूँ तुम बताओ कि मैं क्या कर रहा हूँ। और तुम स्साले बताओ कि कहीं मैं समझ में तो नहीं आ रहा हूँ मैं तुम्हारा इन्तज़ार नहीं कर रहा हूँ मैं तो आइ-पॉड पर गाना सुन रहा हूँ।

## बहुत सारे संघर्ष स्थानीय रह जाते हैं

**(प्रणय कृष्ण के लिए)**

जगह का बयान उसी जगह तक पहुँचता है। वहीं रहने वाले समझ पाते हैं बयान उस जगह का जो उनकी अपनी जगह है।

अपनी जगह का बयान अपनी जगह तक पहुँचता है।

एक आदमी सुन्दर आधुनिक विन्यास में एक खाली जगह में चकवड़ के पौधे उगा देता है तो रंगबिरंगी तितलियाँ उस जगह आने लगती हैं और उस आदमी को पहचान कर उसके कन्धों और सर पर इस तरह छा जाती हैं जैसे ऐसा हो ही न सकता हो। ऐसा नहीं हो सकता यह जगह के बाहर के लिए है और ऐसा हो सकता है यह जगह के लिए।

तितलियों के लिए तो ऐसा हो ही रहा है।

किस्सों-कहानियों में ख़तरनाक जानवर की तरह आने वाले एक जानवर के बारे में जगह के लोगों की राय है कि वह उतना ख़तरनाक नहीं है जितना बताया जाता है। जबकि जगह के बाहर वह उतना ही ख़तरनाक है जितना बताया जाता है।

जगह के भीतर का यह अतिपरिचित दृश्य है कि गर्मियों की शाम एक बंधी पर सौ साँप पानी पीने आते हैं। जगह में जब साँप पानी पी रहे होते हैं तो जगह के बाहर से देखने पर लगता है कि बंधी से सटाकर सौ डंडे रखे हुए हैं। जगह

है और वह अपने थके हुए शरीर और टेढ़े पहिये वाली चेतना के साथ नौकरी कर रहा है। इधर लड़की के पास फ़ोन करने के पैसे भी नहीं हैं। वह अपनी टेढ़े पहिये वाली साइकिल को घसीटती हुई टेलीफ़ोन बूथ पहुँची। टेलीफ़ोन बूथ के मालिक ने उससे कहा कि तुम अपनी साइकिल में ताला लगाकर चाबी मुझे दे दो और साइकिल को घसीटती हुई या रिक्शे पर लादकर घर लेती जाओ। जब दो रुपये लेकर आओगी तो चाबी वापस कर दूँगा। बेटी अपनी बंद साइकिल के पिछले टेढ़े और तालाबंद पहिये को हाथों के ज़ोर से उठाए हुए और अगले पहिये को ज़मीन पर चलाती हुई दूर अपने घर की ओर जा रही है। यह एक अजीब दृश्य है। एक किशोरी का तालाबंद और टेढ़े पहिये वाली साइकिल को घसीटते हुए जाना। कवि जी! आपकी बेटी की साइकिल का पहिया, यानी आपकी कविता में आने वाला वक़्त का पहिया टेढ़ा हो गया है और आपको यह सब मालूम ही नहीं, हद है, दूर दफ़्तर में बैठे फाइलों में सर खपा रहे हैं। अगर आपको जल्द-से-जल्द यह सब न पता चला तो इस घटना के प्रतीकार्थों का क्या होगा?

इतने में ही टेढ़े पहिये वाली तालाबंद साइकिल को घसीटती हुई घर की ओर जा रही बेटी के सामने एक बलिष्ठ आदमी आकर खड़ा हो जाता है। कवि जी! अपनी टेढ़े पहिये वाली चेतना में इस आदमी को दाखिल कीजिए। वहाँ इसकी बहुत ज़रूरत है। यहाँ तो वह आपकी बेटी से पूछ रहा है कि "क्या हुआ? साइकिल लेकर कहाँ जा रही हो?" बेटी संक्षेप में सारी घटना बताती है। बलिष्ठ आदमी उसे दो रुपये देकर टेलीफ़ोन बूथ वाले से चाबी ले आने को कहता है। पहले तो बेटी रुपये लेने से इनकार कर देती है, फिर अत्यंत झिझक के साथ ले लेती है और साइकिल बलिष्ठ आदमी को पकड़ाकर टेलीफ़ोन बूथ वाले आदमी को दो रुपये चुकाने चली जाती है। कवि जी! ध्यान दीजिए! आपकी कविता को इस दृश्य की ज़रूरत है। लेकिन इतनी देर में बलिष्ठ आदमी साइकिल को ज़मीन पर लिटा देता है और टेढ़े पहिये को एक पैर और एक हाथ से दम लगाकर सीधा कर देता है। बेटी भी तब तक चाबी लेकर आ गयी है।

अब सीधे पहियों वाली साइकिल पर बेटी लहराती हुई घर जा रही है।

आप जानते हैं, कवि जी ने अगले दिन क्या किया? कवि जी अगले दिन बेटी

को स्कूटर पर बिठाकर दुर्घटनास्थल पहुँचे और बलिष्ठ आदमी को ढूँढ़कर उसे साइकिल का पहिया, जो उनकी चेतना में वक़्त का पहिया था, सीधा करने के बदले मुस्कराकर कुछ रुपये देने की कोशिश करने लगे। बलिष्ठ आदमी ने बिना मुस्कराए रुपये नहीं लिए।

फ़िलहाल कवि जी ने वक़्त पर कविताएँ लिखना बंद करके साइकिल पर कविताएँ लिखना शुरू कर दिया है और बलिष्ठ आदमी अपने रोज़मर्रा के काम तो कर ही रहा है, ज़रूरत पड़ने पर सड़क पर लोगों की साइकिल का टेढ़ा पहिया भी सीधा कर दे रहा है।

✪✪✪